T0042479

EL regreso DE LA manada

EDICIÓN PATHFINDER

Por Gary Miller y Paul Tolme

CONTENIDO

El retorno *del* lobo gris

Por Gary Miller

PROBABLEMENTE CONOZCAS la historia de Caperucita Roja. El gran lobo malo se devora a una abuelita, ¡e intenta comerse a su nieta! Las historias como esa contribuyeron a la mala reputación de los lobos. ¿Los lobos realmente se merecen su mala reputación?

ANTIGUAMENTE, la mayoría de las personas pensaba que así era. La gente temía y odiaba a los lobos. Pero hay un motivo para eso. Los lobos son feroces depredadores. Sus mandíbulas pueden derribar a un alce e incluso triturar huesos. Sin embargo, la verdad es que los lobos rara vez atacan a los humanos en la actualidad. Hoy en día, la mayoría de las personas comprende que los lobos constituyen una parte importante del mundo natural.

En la mayor parte de los Estados Unidos, los lobos grises se **encuentran en peligro de extinción**. En algunos lugares, se está trabajando para traerlos de regreso. Pronto, es posible que puedas escuchar el eco de un lobo aullando en alguna zona salvaje cercana.

Criaturas en conflicto

Los lobos grises son los principales miembros salvajes de la familia de los perros. Hace mucho tiempo, los lobos grises vivían en la mayor parte del territorio norteamericano. Acechaban a los ciervos en los sofocantes desiertos de México. Cazaban caribúes en las heladas llanuras del Ártico.

Cuando los europeos llegaron a los Estados Unidos, comenzaron los conflictos con los lobos. Los lobos algunas veces mataban al ganado, como a las vacas y las ovejas. También mataban a los ciervos y otros animales que las personas cazaban para alimentarse. Esto dificultaba aún más el éxito de los colonos. Por estos motivos, la gente intentó hacer desaparecer a los lobos. Para lograrlo, utilizaron pistolas, trampas y veneno. Incluso recibían una recompensa por cada lobo que mataban.

Como te puedes imaginar, esas no fueron buenas noticias para los lobos. Cerca del año 1940, ya casi no había ningún lobo en los EE.UU., fuera de Alaska. Solo unos 300 lobos lograron sobrevivir, y todos ellos vivían en el norte de Minnesota.

Sobrevivir en las zonas salvajes siempre es un desafío. Los lobos enfrentan este desafío en grupos llamados manadas. Las manadas cazan juntas y comparten la comida. Esto ayuda a los miembros de la manada a sobrevivir.

¿Quién es el jefe? *Estos lobos quizás parezcan listos para hacerse añicos entre ellos. Sin embargo, no están luchando. El lobo de la izquierda le está demostrando al otro quién es el jefe. Los líderes de las manadas de lobos demuestran su poder al pararse más alto que los demás lobos.*

Ululatos y aullidos

"Las manadas de lobos se parecen mucho a las familias humanas", cuenta el científico L. David Mech. "Se componen de dos adultos y sus crías. Los adultos lideran la manada al igual que los padres humanos lideran a sus familias".

Mech sabe lo que está diciendo, ya que ha estudiado a los lobos durante más de 50 años. Ha aprendido que los lobos y las personas tienen mucho en común.

Uno habla con los miembros de su familia, y los lobos también se comunican entre ellos. ¿Cómo? Una de las formas es a través del lenguaje corporal.

Los lobeznos a veces lamen el hocico de los lobos adultos. Eso es una señal de que el cachorro está hambriento. En respuesta, el adulto escupe algo de comida. ¡Qué asco! Eso quizás te suene desagradable, pero para un lobezno hambriento, se trata de una comida exquisita.

Los lobos tienen otra forma de comunicación muy famosa: sus aullidos. Mech cuenta que los lobos aúllan para encontrarse entre ellos cuando se separan. También aúllan como señal de que es momento de salir de caza. De hecho, la manada puede reunirse para llevar a cabo una larga sesión de aullidos antes de salir a cazar. ¡Se parece mucho al baile de las animadoras antes de un partido importante!

Hora de la merienda. *Un lobezno lame el hocico de su madre para indicarle que quiere comer.*

Lenguaje corporal. *Para los lobos, tocarse entre ellos es una forma de saludarse.*

¡El ataque de la manada!

Para los lobos, la caza es algo muy importante. Para estar saludable, un lobo gris adulto debe comer al menos 2,2 kilogramos (5 libras) de comida por día. ¡Un lobo puede comer más de 9 kilogramos (20 libras) de una sola vez! Las manadas de lobos atacan a distintos tipos de presas. Sus presas favoritas son los grandes herbívoros (animales que se alimentan de plantas), tales como los alces.

Rolf Peterson es un experto de la forma en que cazan los lobos. "Las mandíbulas del lobo son increíblemente fuertes", cuenta Peterson. "Le ayudan a derribar y matar a su presa, pero su cerebro también es muy importante. Los lobos eligen cuidadosamente a su presa antes de atacar. Eso es porque las presas pueden defenderse. Por ejemplo, el alce tiene pezuñas enormes y patas muy fuertes. Una patada puede matar a un lobo.

Para evitar lesiones, los lobos intentan elegir al animal más débil para atacar. ¿Cómo saben los lobos si un animal es débil? Los científicos no están seguros. Quizás los lobos utilizan los ojos para ver si el animal cojea o se mueve lentamente. Aunque no lo creas, un lobo incluso puede usar la nariz para oler la debilidad en su presa.

"La nariz de los lobos es muy sensible", cuenta Peterson. "Algunos perros pueden oler el cáncer en los seres humanos. Los lobos quizás puedan oler las enfermedades en las presas".

Un festín. *Al trabajar juntos como manada, los lobos pueden matar animales grandes, como por ejemplo este alce.*

Nuevas actitudes, nuevas esperanzas

Es muy posible que nunca hayas visto a un lobo en libertad. Esto podría cambiar muy pronto. Los lobos están regresando a algunas partes de los Estados Unidos.

En 1973, el gobierno estadounidense aprobó la Ley de Especies en Peligro de Extinción, que considera ilegal dañar a especies en peligro tales como los lobos. También renovó las esperanzas de que los lobos vuelvan a vagar por los Estados Unidos.

¿Por qué querrán las personas que regresen los lobos? Algunas personas han cambiado de parecer respecto de los lobos. Hace mucho tiempo, la mayoría de la gente criaba ganado, entonces tenía un motivo para odiar a los lobos. Hoy en día, muy pocos estadounidenses tienen ranchos. Eso significa que menos gente se preocupa porque los lobos puedan matar a su ganado. Además, la gente ha aprendido más cosas sobre el comportamiento de los lobos. Saben que en la actualidad casi nunca atacan a los humanos y también comprenden más acerca de su importancia. En un solo día, una manada puede recorrer 80 kilómetros (50 millas) mientras se encuentra de caza. Los lobos ayudan a mantener el equilibrio del ecosistema. Lo hacen matando ciervos, alces y otros animales herbívoros. Algunas veces, esas criaturas comen demasiadas plantas, lo cual daña el ecosistema. Los lobos ayudan a reducir la cantidad de animales herbívoros, gracias a lo cual se conserva la salud de las zonas silvestres.

Regresan los lobos

La Ley de Especies en Peligro de Extinción del año 1973 ayudó a los lobos a emprender su regreso y aumentó la cantidad de lobos en Minnesota. Poco después de aprobada la ley, los lobos volvieron a vagar por Minnesota y también por Wisconsin. Los biólogos ayudaron a los lobos a regresar a otras zonas. En 1995 y 1996, los científicos soltaron a 66 lobos salvajes en el Parque Nacional Yellowstone y zonas aledañas.

Lazos de familia. *Una manada de lobos generalmente tiene entre cuatro y diez miembros.*

Sin embargo, el regreso de los lobos también implicaba el regreso de los conflictos. Muchos estancieros se opusieron a la idea. ¿Por qué?

Verás, a los estancieros les inquietaba la idea de que los lobos pudieran dañar a su ganado. Entonces, para ayudar a los estancieros, los grupos proteccionistas del medio ambiente aceptaron pagarles por todo el ganado que los lobos mataran.

Llegaron para quedarse

Para el año 2008, cerca de 1500 lobos grises vivían en Yellowstone y sus zonas aledañas. Algunos piensan que incluso están listos para salir de la lista de especies en peligro de extinción dentro de esa zona. Otros grupos no están de acuerdo y trabajan para mantener la protección de los lobos.

Ahora que su población está creciendo, los lobos están aquí para quedarse. La cantidad de lobos grises en los Estados Unidos aumenta cerca de un 25 por ciento por año. A medida que se forman nuevas manadas, los lobos ingresan a zonas nuevas. Mantén tus ojos abiertos. Mientras das un paseo por el bosque, quizás veas un destello de pelo gris. Quizás oigas un aullido a lo lejos. Si lo haces, aúlla tú también. Es una forma de ser amigable.

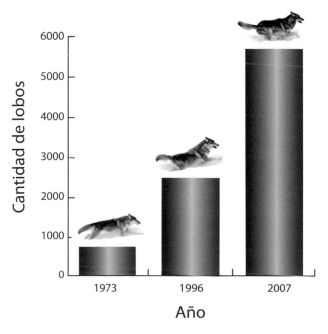

Población de lobos grises en EE.UU. (fuera de Alaska)

Cantidad de lobos / Año

EL regreso DE LA manada

Por Paul Tolme

Los lobos están regresando a los Estados Unidos, y están ayudando a otros animales a sobrevivir.

DOUG SMITH SE ENCONTRABA EN UNA LADERA en el Parque Nacional Yellowstone. A través de sus binoculares, observaba una guarida, u hogar, de lobos. Se movía despacio. Se quedaba quieto. No quería asustar a los lobos de la guarida. A los pocos minutos, un lobo salió de la guarida.

Era una loba. Olió el aire en busca de signos de peligro. Todo estaba bien. Luego, tres lobeznos, o bebés, la siguieron fuera de la guarida.

Al sentirse seguros, los lobeznos comenzaron a juguetear entre sí en el pasto. A Smith le agradaba ver a los juguetones lobeznos. Le demostraban que la cantidad de lobos en el parque estaba aumentando.

Eso lo pone contento. Verás, él es un biólogo de lobos. Es un científico que estudia a los lobos grises que viven en el parque. Hace mucho tiempo, muchos lobos vivían allí. La gente los mató porque atacaban al ganado, como a las vacas o las ovejas, de las granjas cercanas.

La reintroducción de los lobos

No hace tanto tiempo, no había ningún lobo viviendo en el parque. En 1995, Smith los reintrodujo al parque desde Canadá. Fue la primera vez en 80 años que los lobos vivieron en Yellowstone. Traer de vuelta a una especie vegetal o animal a un lugar en el que alguna vez habitó se denomina **reintroducción**.

La reintroducción ayuda a mantener saludable el ecosistema. Los lobos aumentan la **biodiversidad** del parque. Eso significa que aumentan la cantidad de distintos tipos de plantas y animales en ese lugar.

La biodiversidad es importante porque muchas plantas y animales dependen de otros tipos de plantas y animales para sobrevivir.

Cuando muchas especies viven en el mismo lugar, dependen unas de otras para mantenerse saludables. Si una especie muere en ese lugar, muchas otras también lo hacen.

En Yellowstone, los lobos aumentan la biodiversidad al cazar alces. Antes de que Smith trajera de regreso a los lobos al parque, allí vivían muchos alces. Los alces se comieron todos los arbustos, o plantas pequeñas. Ahora que los lobos están de regreso, pueden crecer muchos arbustos en el parque.

Los arbustos son importantes porque algunos animales los necesitan. Los castores, por ejemplo, se alimentan de arbustos. Debido a que ahora crecen más arbustos en el parque, allí también viven más castores.

Los castores trabajadores construyen represas para hacer estanques. En los estanques viven peces. Las águilas se comen a los peces que viven en los estanques que construyen los castores. Al comerse a los alces, los lobos han ayudado a todas estas plantas y animales.

El estudio de los lobos. *Doug Smith estudia a un lobo. Un tipo de medicamento mantiene al lobo quieto mientras Smith lo examina.*

Población en aumento. *Los lobos grises, como este que vemos aquí, son una especie en peligro de extinción. Eso significa que hay muy pocos lobos grises en los Estados Unidos. Sin embargo, la cantidad de lobos grises está en aumento. Es posible que estos animales no se consideren en peligro de extinción durante mucho tiempo más.*

Husmeando el terreno. *Este lobo rojo olfatea el suelo. Quizás capte el aroma de un sabroso mapache.*

Las sobras

Quizás pienses que es cruel que los lobos grises cacen a los alces. Sin embargo, Smith ha aprendido que los lobos generalmente cazan solo alces enfermos. Al comerse a los alces enfermos, los lobos contribuyen a que la manada de alces sea más fuerte. Entonces, incluso los alces se benefician gracias a los lobos.

Otros animales también se benefician debido a que los lobos cazan a los alces. Estos animales se comen las partes del cuerpo de los alces que los lobos no ingieren. Los osos, aves y zorros se comen lo que sobra de los alces. Eso significa que muchos animales obtienen comida gratis.

Todas estas sobras contribuyen al crecimiento de la **red alimentaria** de Yellowstone. Una red alimentaria muestra de qué forma algunas especies modifican las vidas de otras en función de lo que comen. Por ejemplo, al comerse a los alces, los lobos han modificado la vida de los alces, de los arbustos y de los castores. También han modificado la vida de los peces, águilas, osos, aves y zorros. Estos cambios afectarán también a otras especies vegetales y animales.

El efecto lobo

Todos los cambios que producen los lobos se conocen como el **efecto lobo**. Esto ocurre en todos los lugares donde viven los lobos. Por ejemplo, Smith ha observado el efecto lobo en el Ártico, un lugar cerca del Polo Norte. Los lobos que viven allí son blancos. Se alimentan de conejos y de un tipo de ciervo llamado caribú. Los conejos y caribúes se alimentan de plantas. Si no hubiera lobos, los conejos y caribúes se comerían todas las plantas.

Los lobos de Carolina del Norte también mejoran su hábitat. En algunas partes del estado había demasiados mapaches. Los mapaches devoraban a las codornices y tortugas.

No tomó mucho tiempo para que ya no quedaran suficientes codornices o tortugas. Luego, los científicos reintrodujeron a los lobos rojos. Los lobos se comen a los mapaches. Pronto, también había más codornices y tortugas viviendo allí. Gracias al regreso de los lobos, el ecosistema ahora se encuentra más saludable que antes.

Difícil de detectar. *El color de este lobo ártico lo ayuda a camuflarse con el terreno nevado.*

Persiguiendo lobos

Smith pasa sus días observando a los lobos grises de Yellowstone. Algunas veces se acerca tanto como puede. Otras veces, se queda más alejado. Por ejemplo, el mismo día que observó a los lobeznos, Smith sobrevoló esa zona en helicóptero.

El helicóptero perseguía a un lobo que corría por el suelo. Smith levantó una pistola de dardos, apuntó y apretó el gatillo. ¡Justo en el blanco! El dardo dio en el lobo y lo durmió.

Cuando el helicóptero aterrizó, Smith se bajó de un salto. Examinó los dientes del lobo. Estaban muy afilados. Pesó al lobo. Fue un examen físico satisfactorio. El lobo era sano.

Finalmente, Smith le colocó un collar especial al lobo. El collar emite señales de radio y le indica a Smith dónde se encuentra el animal. Esto lo ayudará a saber por dónde vaga el lobo.

Las manadas de lobos aumentan en Yellowstone. A Smith le agrada ayudarlos a crecer fuertes.

El miedo a los lobos

No todos están felices por la vuelta de los lobos a Carolina del Norte y otras áreas, ya que piensan que los lobos atacarán a las personas. Muchos granjeros y estancieros temen que los lobos se comerán a sus animales.

El miedo que la gente les tiene a los lobos es justificado. Los lobos pueden ser peligrosos. Cerca de Yellowstone, han atacado a perros y ganado. En algunos lugares, los lobos incluso han atacado a personas.

Smith tiene una solución. La gente debe asustarlos haciendo ruido o emitiendo luces brillantes. La mayoría de los lobos les temen a las personas. Es muy probable que se escapen si se les acerca una persona.

Debido a que los lobos les temen tanto a las personas, algunas veces se esconden. Eso dificulta determinar si los lobos que se reintrodujeron se están adaptando a sus nuevos hogares.

Vocabulario

biodiversidad: cantidad de distintas especies vegetales y animales que viven en un lugar

efecto lobo: cambios que producen los lobos

en peligro de extinción: en peligro de desaparecer

red alimentaria: forma en que algunas especies modifican las vidas de otras en función de lo que comen

reintroducción: traer de vuelta a una especie vegetal o animal a un lugar que alguna vez habitó

Únete a la

MANADA

Descubre por qué los lobos están emprendiendo su gran regreso. Luego, responde estas preguntas.

1 Describe dos métodos que emplean los lobos para comunicarse. Incluye un ejemplo de cada uno.

2 ¿Qué le sucedió a las poblaciones de lobos antes de 1973? ¿Qué sucedió luego de 1973?

3 Menciona las formas en que los lobos ayudan al medio ambiente.

4 ¿En qué lugares de los EE.UU. se encuentran los lobos en la actualidad?

5 ¿Qué opina la gente respecto de la reintroducción de los lobos? Utiliza los dos artículos para responder.